# Fan S. Noli

# Israelite dhe Filistine

## Drame me tre akte

ISBN-13: 978-0692279014
ISBN-10: 0692279016
Copyright @ blej.com
2014

# FAN NOLI
## (1882 - 1965)
## JETA DHE VEPRA

Theofan Stilian Noli u lind
Ibrik-Tepe pranë Adrianopo
fshat shqiptar në pjesën ballka
të Turqisë. U rrit në një mjedi
ruante me dashuri gjuhën shqipe dhe ritet e zakonet
parëve.

Personalitetin njeriu nuk mund ta krijojë vetëm
forcat e tij të brendshme, nevojiten edhe disa ku
shoqërore. Por kur këto nuk janë, është një meritë shu
e madhe që njeriu me mundin e tij të jashtëzakonsl
përpiqet dhe ja del që ta ngrejë veten në lartësi të till
ta gjykojnë jo vetëm bashkatdhetarët e tij, po edhe të h
Në këtë pikëpamje Fan Noli është si ato majat e ma
të larta, vigane që zotëron mbi një hapësirë të
gjeografike dhe vështrohet nga të gjitha pikat dhe
distanca të largëta. Për shqiptarët Noli është një ma
shikohet me sy të lirë. Ai është i qartë, i kuptueshë
afërt. Noli troket në botë me dorën e popullit shqipta
vështron në botë me sytë e shqip-tarëve dhe prandaj ë
gjithmonë i kuptueshëm për popullin tonë.

Fjalët e Nolit atv ku vihen bëhen të gjithënushtetsl

ane s muna te levizen. Sepse ato nuk lidhen me n
tjetrën nga fqinjësia apo nga rendi sintaktik, po së
nga rrjedha logjike, nga rëndësia reale, nga situata,
dufi i poetit, dhe përveç këtyre nga një harmoni akus
që nuk është kurrë qëllim formal. Forca e Nolit qënd
në gërshetimin e këtyre të gjithave.

x x x

Më 1902, kur ishte vetëm 20 vjeç, Noli shkruajti drar
"Izrailitë dhe filistinë", të cilën do ta botonte pesë
më vonë, më 1907. Kjo është një nga dramat e par
letërsisë shqipe dhe ka rëndësi për të kuptuar mendii
që e frymëzonin autorin e ri në këtë periudhë, kur,
plani kulturor, lëvizja kombëtare po hidhej përsër
veprimet me armë. Kjo vepër dëshmon për lidhjet
me lëvizjen kombëtare shqiptare. Që në këtë vepër të j
shihet lidhja e autorit me problemet kryesore të lëvi
kombëtare të kohës dhe me gjuhën e gjallë të popu
por, ndërkaq, edhe mospërcaktimi i qartë i ideve d
rrugëve që do të ndjekë.

Subjekti i kësaj vepre është marrë nga Bibla, por fig
dhe motivet ai i ka mbushur me ide filozofike
politiko-shoqërore. Duke pasqyruar përpjekje
izraelitëve për të detyruar filistinët që të ndrysho
bindjet e tyre, Noli shtroi problemin e përdorimit të fo
si mjetin e sigurtë të përhapjes së ideologjisë. Me l
koncept Noli parashtronte çështjen për çlirimi
Shqipërisë nga Turqia.

Në dramën "Izrailitë dhe filistinë" në qendë
veprimit qëndron izraeliti Samson, i cili mendor

filistinët duhen bindur me anë të fjalës. Të gjithë izraelitët pranojnë që Samsoni të niset te filistinët, vetëm plaku Rabin është kundër këtij plani. Sipas Rabinit, me fjalë nuk do të arrihej qëllimi. Që të mund të triumfojë një e vërtetë, thotë ai, duhet të mbështetet në fuqinë. Samsoni dhe pasuesit e tij nuk e dëgjojnë këshillën e Rabinit. Mbreti i filistinëve thërret Dalilën, vajzën magjepsëse që, me bukurinë dhe lajkat e saj, ta ndihmojë për të zhdukur Samsonin. Për këtë Dalilës i duhet të hetojë se ku fshihet te Samsoni fuqia e mbinatyrshme trupore. Kur Dalila zbulon se flokët dhe mjekra janë ato, që i japin fuqi Samsonit, ajo e deh atë me verë duke e vënë kështu në gjumë. Filistinët, që e prisnin me padurim këtë çast, i sulen Samsonit, e lidhin me vargonj hekuri, ja qethin flokët, ja ruajnë mjekrën dhe e verbojnë.

Në aktin e tretë, veprimi zhvillohet përsëri në anën e filistinëve, që janë mbledhur në tempullin e Baallit, për të festuar fitoren. Aty sjellin Samsonin e lidhur. Tani, filistinët nuk kanë frikë prej tij, prandaj e përqeshin dhe e tallin. Ndërkohë, Samsoni ndjen se po i rriten flokët dhe mjekra, dhe se fuqia po i kthehet përsëri. Ai vendos që edhe kështu, i verbuar, të vrasë sa më shumë kundërshtarë. Nga fuqia e Samsonit tempulli i Baallit përmbyset. Bashkë me të vdesin edhe qindra filistinë nën gërmadhat e tempullit.

Kur shkon tek filistinët, Samsoni jepet pas Dalilës, e cila e verbon me bukurinë dhe lajkat e veta, duke e bërë të harrojë misionin. Vetë Samsoni e pranon më vonë, se njeriu, që kishte të drejtë, ishte plaku Rabin. Kështu, te

Samsoni më në fund, zotëroi pikëpamja e plakut të regju
në jetë, se e vërteta, duhet të shoqërohet edhe me fuqinë
I zgjuar dhe i matur, Rabini ka grumbulluar një përvoj
të madhe jetësore dhe i njeh njerëzit, prandaj mendon s
është më mirë veprimi. Ai ishte kundër vajtjes së Samsoni
fill i vetëm në vendin e filistinëve.

Samsoni është vizatuar si një njeri i mbinatyrshëm, që
për t'ia arritur qëllimit, është gati të bëjë gjithçka, qoft
edhe të flijojë veten.

Përveç çështjes së përdorimit të forcës, autori rreh n
dramë edhe çështjen e së drejtës që kanë njerëzit për t
mos pranuar ato mendime, të cilat u sjellin skllavër
shpirtërore. Filistinët kundërshtojnë fenë monoteiste q
duan t'ua imponojnë izraelitët, sepse ajo, thotë autori,
shtrëngon njerëzit të rrojnë me frikë të përhershme. Kjë
dramë mbeti e papërpunuar deri në fund, prandaj dhe
autori priti 5 vjet para se ta nxirrte në botim. Personazhe
e kësaj vepre nuk janë portretizuar sa duhet, por, me disa
skena të gjalla, me dialogun e shkathët e të vetëdishëm
autori i ri tregoi se kishte prirje edhe për teatrin.

# ROLET E DRAMËS

Kryerabini i Judenjëvet
Rabini
Samsoni
Sara, e jëma
Rahila, e vlesa
Dalilja, grua Filistine
Kryeprifti i Filistinëvet
Mbreti i tyre
Një mëmë Judeje me një djalë
Judenjë dhe Filistinë

Sqena më aktin e parë në Jerusalem, më të dytin në shtëpit të Daliles, më të tretin n'Gazë te tempulli i Baallit.

## PAMJE E PARË

Synagoj' e Judenjëvet. Një hedhrë në funt të sqenës. Njerëz dhe gra plot. Gjithë bota vënë re fjalët e Kryerabinit që flet. Pranë tij rrinë rabinët e tjerë. Samsoni me të vlesën dhe me t'ëmën.

### KRYERABIN

Populli i dheut shenjtë të Israilit, sot në këtë konferencë j'u thirra të gjithëve që t'i jipni bashkë me mua uratën këtij njeriu, që mori përsipër të sjellë më udhë të drejtë botën e dëbiertur të Filistinëvet. Sa është e madhe kjo çështje, gjithë e dini se shumë njerës u dërguan për këtë qëllim, po s'e goditnë. Ca u vranë, ca u humpnë, ca as guxuan të afroheshin. Molohu perëndijë e arit dhe trupgëzimit është aqë i fortë dhe aqë i ndriçim! Është aqë e embël rrojtja lark së vërtetës! Po tani pandeh se ardhi ora e shpëtimit për ta. Samsoni që Perëndija i fali fuqi shpirti e trupit të sipërnjerishmë, pasi të marrë uratën e gjithë gjindjesë, i fortë prej Perëndije dhe prej dashurije, do të muntnjë të ja u qëndronjë, forcën e pambajtur pas Gënjeshtrës. Po meqenëse asgjë s'është shigur për njerëzit dhe munt të mos goditnjë dhe kjo provë, që të mos m'e shpini mua sipër gjithë responsabilitetin u lutem të thonë dhe të tjerët mëndjen e tyre, pa le të kuturisnjë ay vetë, i zgjedhuri i Israilit.

## RABIN

Punë për çudi! Po nuk e muartë vesh edhe, që s'ësht punë e të bërit të afrohemi më atë popull të kalbur? Leren të humbasë ca më shpejt. Vetëm kur të arrinjë majë buzë shkëmbit, atëhere do të kujtonjë të përpjekurat tona të shenj ta për ta. Pra po si ju tani mund të bintni një njeri të lumu dhe të pasur që gëzonet gjithë gëzimet e jetës, se nuk rror pas së Vërtetës? S'ka punë më të kollajshme për një bagët se të pandehnjë që e Vërteta e vetëme është gëzimi i kësa boteje shkretë. Pra në është kështu më kot dhe ky dërgin që kini nër mënt, se gjeja e vetme, që do të provojmë nul për të parën herë, është se jemi një mijë herë më të dobët se Bota.

Kujtoni, sa të tjerë të zgjedhur të popullit tonë humpni më kot. Le t'ju vinjë keq për këtë trim që pa dyshim do të humbasë nëpër udhët e shtrëmbëra të filistinëve. Shëkon atje t'ëmën se si qan, Rahilen se si vajton. Profetët tënë muarën frymë prej Perëndisë, po gratë marrin frymë pre zëmërës. Përprishja është pa shpëtim kur përlotet një mëmë dhe një e dashurë. Le të ketë trashëguar Samsoni fuqi të sipërnjerishme! dobëtirat që do t'i pillen brënda në zëmrat kur të hynjë në Botët do ta përshkojnë një mijë herë atë fuq (Judenjtë po dëgjuan këto fjalë nisin të llomotisin). S'kam të drejtë?

## NJË JUDÉ

Blasfemon, në mos i ke besë fuqisë së Perëndisë.

S'kam besë, se fuqinë që na ep Perëndia nga herë, neve njerëzit e përdorim për të ngopur dobëtirat tona.

**JUDÉ**

Mos fol me fjalë sofistike, që të mos të kupëtojnë të tjerët. Thuajna kthjellët se s'do ta përhapim nëpër Botë të Vërtetën që na dha Perëndija.

**RABIN**

Të Vërtetën munt të na e mësonjë vetëm Perëndija që e kupëton.

**JUDÉ**

Dhe njerëzit që janë mbrujtur me Perëndinë.

**RABIN**

Nuk e mohonj se gjenden të atijë njerëz, po ata herë-herë janë më të poshtër nga njerëzit ordinarë, kur hyjnë në Botë. S'dinë mirë ç'do me thënë njerës, dhe atje dëbiren.

**JUDÉ**

S'munt të barabitem unë me ty nër fjalë, se s'jam orator, vetëm këtë të them: një njeri i math do të shpëtonjë një Botë të tërë, e jëma dhe e vlesa qajnë prej trishtimi, që do të dëbiren, po prej rrebtësije (fierte) dhe prej vetëndjenje të së Vërtetës!

Një popull i tërë i jep uratën, priftinjtë e gjithë Israilit e përciellën me bekime! Po atëhere kush munt të dyshonjë?

**RABIN**

Një njeri!

**JUDÉ**

Unë s'di tepër të flas. Le të flasin edhe të tjerë. Se, ç'kisha për të thënë, e thashë.

**KRYERABIN**

Fol më kthjellët, zoti Rabin, njerëzia nuk të marrin vesh.

**RABIN**

Do t'ju them një përrallë të vogël që e pashë me sytë e mi. E nëmëronj për përrallë, se s'është gjë për të besuar, po e besonj, se u bë më kotë Botë.

**TË GJITHË**

Eja, thuajna.

**RABIN**

Mbanj nër mënt se para 30 vjeç u bë një konferencë si kjo prapë për këtë qëllim. Më kot u kundërshtuash dhe atëherë, se s'ish e para herë që e pësonja po kush të dëgjon? Thanë dhe kuturisnë, dhe për bela më dërguan mua bashkë me të nxehtin Ahaz. Vamë në kryeqytet të filistinëvet, na pritnë me gaz e me mall, ftuan popullin të gjithë në një tempull të math tek ishin ngrehur madhështore statujat e Molohut dhe të Dashurisë (*Kupidon*). Nër mest të atyre dy statujavet ish një hedhër, andejaza do të flisnim. Bota gjithë ish mbledhur. I pari desh të fliste Ahazi. U nis të hipënj majë hedhrës, po ç'goditi? menjë copëheresh qëndroi, një bujë dolli nga krahërori i statujës së Molohut, që i ndehu dorën Ahazit dyke thënë, "merr'i këto"! Dorën Molohu e kish plot monedha të florinjta. Ahazi i habitur, i merr, dhe prapë u nis të hipënj majë hedhrës, atëherë statuja e Dashurisë ngriti këmbën dhe trokiti majë truallit. Dy vajza me bukuri të hyjëshme u hothnë nga trualli që u ça dhe i duallë përpara Ahazit, e muarrë në pëlqi që të dyja dhe e puthin cilado nga njëra faqe dyke thënë: "Eja hipë të na flaç!" Po tani me çdo çapë që bënte Ahazi që të hipënj, statujë e Molohut i çpinte grushte florinj, dhe statuja e Dashurisë nga dy vajza më të bukura dhe me të puthura, më të ëmbëla. Kur hipi lart shtiri sytë rrotull, iu muarë mëntë, ish trullosur. Gjithë bota bërtisnin: "Eja thuajna!", "më së fundi do të nisnjë" thoshin ca të tjerë! Ahernaj Ahazi i përqafoi gjithë ato vajza dyke thënë: "S'kam gjëkafshë për të thënë! Jam filistin!"

**KRYERABIN**

Pse s'e goditi punën ay, lipset ta presim shpresën neve? Po m'anë tjatër një godi ka më shumë vlerë kur vjen pas shumë mosgodirave.

**RABIN**

Shpresë e kotë!

**KRYERABIN**

Ti vetëm kundrështon, kur gjithë populli ka aqë konviksie.

**RABIN**

Jam i vetëmi, që kam kurajën të them, seç kanë frikë të thonë të tjerët.

**KRYERABIN**

Flisni ju, or vëllezër!

**TË GJITHË**

Rabini blasfemoi! Ejani ta nxjerrim jashtë, ta mbulojmë me gurë. (i hidhen të gjithë sipër).

**KRYERABIN**

Jo! Qëndroni, mpruaj veten tënde, Rabin! Mëkatet të bëkan shumë të dobët.

**RABIN**

Të dobët më kanë bërë mëkatet e stërgjyshërvet të mi.

**TË GJITHË**

Blasfemor! tani nise të shash dhe stërgjyshërit tanë? Po gjer kur na e mbani aty, or shokë! Ay na përqeshi!

**RABIN**

Qetohuni, para gjithë jush përqesh veten time (gjithë pushojnë). Pra ju them me të vërtetë, s'jam me mëndjen tuaj mi këtë përçapë.

**KRYERABIN**

Pra thuajna ti një mëndje më të mirë.

**RABIN**

Drejt, atë do të bënj dhe unë. E Vërteta s'është përveç një dobëti kur s'i vjen pas një Forcë e realtë. Janë të marrë ata që lëftojnë për të Vërtetën, dhe s'kanë nonjë tjatër pushkë, përveç asaj. Seç shohin njerëzia të fortë e besojnë. Armatosemi me një mijë shpata dhe me një copherësh e Vërteta merr shqepëtim fuqie.

**KRYERABIN**

Atë fuqi munt ta ketë edhe Gënjeshtra.

**RABIN**

Atë deshnja të thosha dhe unë, se njerëzit do ta pandehnin të Vërtetën si Gënjeshtër dhe atje është godija. Njeriu lint me të Vërtetë dhe vdes me të Vërtetë. Dyke qenë në jetë të tij në mest të dy të Vërtetave të frikëshme mysterit që e lint, dhe abisës që e përpin, përpiqet t'a dëfrenjë shpasnë e mesme dhe rron dhe luan me gjëra të gënjeshtërta.

Të Vërtetën lipset t'ia japim më hapë Gënjeshtreje. Për njerëzit e Gënjeshtërmë e Vërteta lipset të ketë shqepëtim të gënjeshtërmë.

## TË GJITHË

Na vrave mendjen! Mjaft! Zbrit andejza të të rrëfejmë. P
pse s'flet si njeri, or i gjorë, të të marrim vesh?

### RABIN

Dua t'u them, se në vënt që të dërgojmë Samsonë vetër
me të Vërtetën, është më mirë të vemë dhe ne të gjith
bashkë me shpata.

### KRYERABIN

Si? Të leçitim të Vërtetën me shpata dhe me pahir?

### RABIN

As një herë nuk e besoi të Vërtetën njeriu ndryshe
Besojnë më arin se ka fuqi, besojnë më dashurinë se ka fuqi
do të besojnë dhe më të Vërtetën, po të ketë fuqi. Mbarova

### KRYERABIN

As unë nuk do të linja të flisnje më tutje. Eja, ti Samson
ç'thua për këto të gjitha?

### SAMSON

Doja të flisnja unë i pari që të mos pandehni se fjalët e
huaja vepëruan mi vullnetin dhe kurajën time, po respekt
që ju kam më mbajti. Gjithë Bota të ngrehej kundër meje
prapë do mos kisha frikë, as nuk do të ndronja mëndje. Munt
e Vërteta të mos jetë fuqi t'i impozohet gjithësisë, po është

shqotë që fshin gjithë copërat e kalbura të shpirtit tënë, dhe na jep kurajë ta meprizojmë gjithë botën. Është shkëndija e hyjëshme që e shpie Perëndija nër natyra të privilegjuara. Nga prushi që shkëndrit në Natyrët, njeriu merr një shkëndijë dhe e fsheh në krahërort të tij të pluhrëzuar, e përvëlon ay zjarr brënda dhe atëhere gjen pushim, pa ta përhapnjë nër të tjerët. Përpara tij shkrin si dhjamë plot krimba e Gënjeshtra dhe Bota e habiturë ngre sytë përpjetë mi dritën e re.

Dua ta përhap mi gjithë Botën dhe asnjë fuqi, nuk munt të më qëndronjë. Dua t'i mësoj filistinët të kqyrin Perëndinë brënda në Natyrë dhe Përjetësinë në Dashuri. Po këto nuk përhapen me zjarr dhe me hekur, po vetëm kur njeriu është i lirë t'i marrë vesh, apo jo?

### RABIN

Ashtu flet djalëria, dhe unë kur isha i ri e nisa të marr vesh bot ë n, u thosha shokëvet e mi. Neve të gjithë e dimë të Vërtetën dhe do t'ia mësojmë Botës. Na vinte çudi si asnjë para nesh se bëri këtë menjtim. Pra po e bënte cilido. Për provë pas dy-tri vjeç as e kujtonim më seç i kishim zotuar Botës, se hymë dhe ne atje, dhe deshnim ndrequr neve më përpara. Do kuvëndojmë mirë, Samson, pas dy-tre vjeç.

### TË GJITHË

Mjaft ti (bërtasin të gjithë).

### SAMSON

Pra andajza, s'vemë dot kurrë asnjë çapë përpara, fajnë e kanë kurdoherë pleqtë me shqeptismën që i ze. Ata i

pengojnë të rinjtë nga qëllimet e tyre të shenjtet. Po mua
gjëkafshë s'më tremb. S'më ha malli në mos e goditça punën
një gjë vetëm do provonj, domethënë që kisha konviksie të
plotë nër idhet e mija që të hidhesha në një luftë aqë të kotë
Po përse të më mpaket zemëra? Se të tjerët s'goditnë? Po
nuk e dini ju që natyravet mëdha mosgoditë u japin më
shumë shpirt? Se s'goditnë të tjerët, ajo është provë që që
punë e madhe ajo që zunë, përmi fuqinë e tyre, dhe unë
pandeh se jam më i math nga ata. (gjithë bota i thërresin "Të
lumtë").

## RAHIL

Na vlesuan që kur lintmë, dhe që kur nismë të flisnim,
s'folmë për gjë tjetër, bashkë me dashurinë ushqenim nër
zëmrat tona dhe idhenë e Perëndisë të madhen, dhe neve të
dy të bashkuar jemi më të mëdhenj nga gjithë bota.

## NJË JUDÉ

Dy filistinë të dërguar prej mbretit të tyre janë jashtë, dhe
duan t'ju flasin, Z. Kryerabin. (*gjithë llomotisin*).

## TË GJITHË

Nuk! Nuk! s'i duam.

## RABIN

Po si s'i doni? Juve s'doni t'i sillni m'udhë të drejtë? Ja
tek ju vijnë nër këmbë.

**KRYERABIN**

Mirë thotë Rabini. Le të vijnë. Munt të mirremi vesh me të mirë. Le të urdhërojnë.

**CA JUDENJ**

Ajo nuk! *(hyjnë brënda në sqenë dy füistinë, po judenjtë s'e lanë të hynte brënda një grua që kishin pas)*. Shëko ti një herë. Deshnin të sillnin brënda dhe një grua.

**TË TJERË**

Mirë që s'e lamë. Le të rrijë jashtë.

**NJË TJATËR**

Po e pe, se sa e bukur qe? Or shoq, mua më zuri etja, do vete jashtë të pi ca pak ujë. *(del jashtë)*.

**NJË TJATËR**

· Vërtet bëka vapë këtu! do dàl dhe unë jashtë. *(del dhe ay)*.

**CA TË TJERË**

E ore të marrët! Sikur s'kanë parë grua.

## SQENË E II

Kryerabinët, rabinët, Samsoni, filistinët.

**KRYERABIN**

Urdhëroni zotërinj. Mirë se na arthtë.

**FILISTINËT**

Mirë se u gjetmë.

**KRYERABIN**

Ç'lajma na sillni nga viset t'uaj?

**NJËRI FILISTË**

*(hip majë hedhrës afër Kryerabinit dhe nisi flet).*

Të fala shumë ju dërgon mbreti ynë me anën tonë. Për paqë vijmë, jo për luftë. Se me të vërtetë s'është e drejtë të hahemi me njeri-jatrin neve, që Perëndija na vuri aqë pranë. Munt të mirremi vesh, ndonëse kemi fe të ndryshme. Mësuam se do të dërgoni Samsonin me ushtëri nër viset tona dhe të na bëni me pahir me fenë tuaj. Që të mos derdhen gjakëra më kot, hardhmë t'ju lutemi të na e dërgoni më të ndriçuarit e popullit Israil, se ne jemi gati të adhurojmë

Perëndinë tuaj kur të na bindin, se ay është Perëndijë e vërtetë.

**RABIN**

Hapni sytë, israilitë, filistini flet me dhëlpëri.

**TË GJITHË**

Me dhelpëri? Pusho ti!

**RABIN**

Ky kombinezim i mëndjeve s'më pëlqen! Kam frikë se do të bijëm në gropët që na hapnë.

**CA**

Munt të ketë të drejtë Rabini. Pa na folë kthjellët, Z. Filistin.

**FILISTIN**

Mirë! Ejani për luftë, po kush ju shiguron, që do të na muntni? Vrau Davidi një Goliath, po atdheu ka shumë Goliathër.

**TË GJITHË**

Ka të drejtë! Të pushonjë Rabini.

**KRYERABIN**

Populli i Israilit është me mëndjen tuaj zotërinj.

**RABIN**

*(Me veten e tij).* Gjëra të trëmpshime do të ngjasin, po
muarrën vesh israilitët me filistinët.

**KRYERABIN**

Do t'ju dërgojmë Samsonin vetëmith, ose në do me një
dy pleq këshillëtorë.

**SAMSON**

Nuk! Për Perëndi! Pleq, nuk! do vete vetëm. Do kem m
vete dy këshillëtorë të mëdhenj, dashurinë e Rahilës dh
zjarrë e së Vërtetës së Hyjëshme.

**RAHIL**

Tekdo që të jesh, shpirti dhe zëmëra ime do të vijnë pas
gjer sa ta mbarosh udhën e vështirë të detyrës. Po të kthehesl
prapë mundës i rreptë, do të shtronjë me trëndafijë dhe m
dafina shkallën e ëndrrave të Jakovit. Po në mos goditsh
në pësofsh gjëkafshë, do vij të qajmë dhe të mbulonem
bashkë të palavdishim nënë dhe të huaj.

**SAMSON**

Tani ndjenj me vete fuqi sa të pushtoj gjithë dhenë (i bi
këmbës më dhe tundet gjithë shtëpia).

**SARA (e jëma).**

Eja, o bir, të t'ap dhe unë uratën. *(qan)*. (Gjithë bota thërresin të lumtë dhe puthen me njëri-jatrin).

**NJË MËMË,** *(i thotë djalit të saj)*

Shëko të madhonesh dhe ti, pa të bënesh si ay.

**DJALI**

Po! moj mëmë! Po do bënem aq i gjatë?

**MËMA**

Po të madhonesh.

**DJALI**

Pra do tundet shtëpia, po t'i hie këmbës?

**MËMA**

Po, or bir, në i paç besë Perëndisë.
*(Që jashtë dëgjohet kënga e Daliles).*
Zokthi bilbil, ku fluturon?
-Përpjetë mi qiellëzit po shkonj.
Ah! se sa krahë të bukur ke!
Mënt m'i more dhe më le!
Zbrit të të puth këtu mbë dhe.
-Ah! në më puthç, moj nus' e re.
Udhën dëbier, besë ti s'ke!

**TË GJITHË** *(të habitur).*

Kush këndon kështu si bilbil?

**CA**

Dalilja filistejka, ajo këndon.

**RABIN**

E para këngë e Shirenjës!

**SAMSON**

*(dëgjon këngën me çudi e me mall, zëmra me mëntë i luftojnë brenda).*
Bota më heq!
*(Zbret avleja)*

Fundi i aktit të parë.

# AKTI I DYTË

N'avllit të shtëpisë Dalilesë.

## SQENË E I

*(Mbreti i filistinëvet, Dalilja).*

**MBRET** (me ca filistinë)

*(hyn dyke shikuar nga njëra anë dhe nga tjatra)*
Ku është Samsoni?

**DALILE**

Dolli jashtë të çuditet për Natyrën.

**MBRET**

Do mënonjë shumë?

**DALILE**

Po, si nga herë.

**MBRET**

Domethënë, munt të flas pa nonjë frikë

**DALILE**

Urdhëro!

**MBRET**

Ardhmë këtu të gjithë të mveshur si Filistinë të varfër t
të flasim për rreziknë që gjëndet mëmëdheu ynë.

**DALILE**

Jam nën urdhërin tuaj.

**MBRET**

E di, se, që kur ardhi Samsoni në viset tona, nisnë shum
ta besojnë, dhe lenë më nj'anë punët e tyre që t'i dëgjojnë
Po më të shumtët që kanë mënt në krye nisnë të mentohe
si e si ta pastrojmë që të shpëtonjë populli nga kjo besë
kalbur. S'na le më rehat ky njeri, po ardhi të bënjë fatzez
një botë të tërë me të vërtetat që lëçit. Përandaj u mentuan
ta zinim më nonjë lak, pra një ditë iu hodhë sipër papan
dehur. Po s'bënë gjëkafshë. Ka aqë fuqi ky njeri që i vrau t
tërë. E dimë mirë, që e preu dhe ay shpresën të na bintnjë
me marrëzirat e besës së tij, po ç'e do qe s'hikën. Po ti, mo
Dalile, shëko ta vesh të flerë sot në pëlqi tënt, dhe të n
thërreç ta lidhim dhe ta vrasim. Këtë të mirë ta kërkor
mëmëdheu yt, pa të t'apim pastaj seç të duash.

**DALILE**

Unë të kërkonj gjëkafshë përveç Samsonit? Ju zotohem
t'i bënj ç'të më thoni, po do mos e vrisni, do t'ma jipni mua
të lidhur, gjer sa ta bint unë të më marrë për grua dhe të
rronjë si filistin këtu bashkë me ne.

**MBRET**

Thuaj çdo gjë që të duash, mentohu vetëm se një mbret
të lutet, moj Dalile, lule e vëndit tënë.

**DALILE**

S'është nevojë të më thoni më tepër, tani ejani, hikëni
shpejt se munt të kthenet prapë. Lërmëni mua dy-tre filistinë
këtu t'u jap zë, kur të jetë koha të vini.

**MBRET**

(*u thotë tre njerëzvet tij*).
Rrini ju të tre, dhe të mos hikëni dhe qielli në rëntë sipër jush.

**DALILE**

Në mos e zënçim tani, do ta zemë ca më pas, sot do ta
kini të lidhur dhe bota e tërë në u prishtë.

**MBRET**

Falem nderës. Mirëmbeç dhe mos na harro. Pra Molohu
le t'i sjellë të gjitha mbarë. (Hiknë të gjithë, Pushim në sqenë,
pas pak kohe hyn Samsoni).

## SQENË E II

### SAMSON

Se sa e bukur Natyrë!

### DALILE

Ky bar i gjelbër dhe zoqtë që këndojnë nuk ta hapin zëmrën për gëzimin e jetës?

### SAMSON

E jetës së Vërtetë, po. Të hysh brenda në shpirt të së Paanëshmes dhe e Paanëshmja të hynjë fellë në zëmrën tënde.

### DALILE

Eja të më puthësh.

### SAMSON

Dalilë, s'më more vesh, ose më more, po mentonje vetëm për veten tënde.

### DALILE

Vërtet, vetëm veten time. Jam e lindur vetëm për Dashurinë, dhe për asgjë tjatër s'më ha malli në këtë botë, Pse të rri të çuditem për Natyrën dhe të filosofis? Të shëkonj Natyrën që të puth më nxehtë buzët tënde, që të dashuronj më fellë, ashtu po, pra po nuk ndryshe. Dua të ndritnjë dielli që të m'u japë zjarr syvet të sharmonj stazat e egëra, e dua natën që të m'i fshenjë nga bota ëndërrat e ëmbëla me të herëtit e saj të vulpteçimit. Ardhi vera? Ardhi për mua. Ku është i dashuri im t'i dërgonj një mijë të puthura? Molohu dhe Dashuria të dy Perënditë tona kur krijuan Botën dhe të dy njerëzit e parë mejtoheshin të gjenin një mënyrë si të shtohen njerëzia. Atëhere Dashuria bëri Verën dhe Djellin. Pasi Djelli i parë me rrëmpin e parë përkëdheli lulen e parë të Dheut më Verë, i pari njeri puthi me mall buzët e buta të së shoqes që ndjeu t'i qethen mishërat nga një rrojtje e re që hynte nër dejt e saj me vulptetin e Natyrës që dëfrente rrotull. Për herën e miliontë tani djelli përkëdhel fletët e luleve, po Samsoni edhe s'e puthi Dalilen.

**SAMSON.**

(që s'mbahet më e shtrëngon me mall dhe thotë): Djelli është më i math se mua. Lulet tënde e kanë fajnë.

**DALILE**

(e puth, dhe thotë me vete). Gjëmpi i paë!

**SAMSON**

Oh, moj Dalile, gjer tani s'desha të të puthnja, po një fuqi e pamuntshme më heq me ty, se të dua, sa e palejësuar dhe e kriminëltë është kjo dashuri për mua, aqë më e fortë ësh-të pasiona.

**DALILE**

Gjëkafshë s'është mëkat kur vjen nga zëmëra.

**SAMSON**

Nuk, Dalilë. Nuk! Zëmërës i pëlqejnë të ligat, pra andaj të dua.

**DALILE**

Më do për të ligat e mia?

**SAMSON**

Sa herë u menjtuash ta marrë këtë dhe prej së cilës je bërë dhe ta qëronj nga të gjitha të ligat e ndyrësitë që t'i ap shpirtit tim një ushqim të qëruar.

**DALILE**

Po përse s'e bëre?

**SAMSON**

Sepse pashë, se të ligat dhe ndyrësitë ato janë sharmet tënde, dhe po t'i nxirnja ato, Dalilja do të mbetej një shqelet i pafytyrshim.

**DALILE**

Por atëhere dojmë siç jam: një më një është.

**SAMSON**

Perëndija na dha shpirtin si udhëheqës të rrojtjes së
Vërtetë, dhe zemrën si rufjan të së Gënjeshtërmës. Në
vafshim pas zëmrës, prishemi, në vafshim pas shpirtit
dëbierim udhën e qëllimit së rrojtjes. Cili ka të drejtë? Asnjë.
Më i lumti është ay që s'merr vesh fare nga kjo dilemë e
frikshime.

**DALILE**

S'ka asnjë dilemë për atë që s'e kërkon: shtrohu në pëlqit
tim, pra atëhere guxo të thuash se Dashuria është dilemë.
Nuk, këtë dilemë e ka ay që s'ka ide të qëruar për veten e
tij. Ay që di ta çëmonjë fuqinë e vetes së tij siç duhet, munt
t'i përdorë që të dyja siç i ep dorë. Sot ca pak shpirt, nesër
ca pak zëmrë, pasnesër ca pak gjumë domethënë rebat që
për të dya.

**SAMSON**

Po çështja është në lipset njeriu të rronjë si shërbëtor i
qefeve të tij, ose si zot i tyre?

**DALILE**

Ay që do të rronjë si zot i vetëhesë s'ka nonjë drejtë për-
mi lumërinë. Lumëria vjen nënë hije të Natyrës.

**SAMSON**

S'kërkon lumëri ay, që, dyke u bërë zot i fuqivet tij
mundohet për lumërinë e të tjerëve.

## DALILE

Një ditë vajta mbanë lumit dhe pashë fytyrën time t[
pasqyruar nër ujërat e kulluara. Atje u përgjunshe dh(
adhurova veten time.

## SAMSON

Ah! moj Dalilkë! përpara teje ndjenj të më mpaket fuqia
pandeh se dëbier udhën. Ngjanj si zogu që flytyron p(
pushim brënda në shkretëtirët dhe i lodhur nga udha (
shumë zbret tek i pari oaz të pijë ca pak ujë në kruat. Shëk(
se dhe n'atë copë të dheut ka mjaft bar që të rronjë, mjaf
lisa që të ndërtonjë folenë dhe të këndonjë, mjaft erë e qjel
që të fluturonjë. Shokët e tij zoqtë e tjerë vanë përpar(
n'atdhet dhe e presin, po ay ka frikë të zerë një udhëtim aq(
të larkshim dhe të rrezikshim. Do të ketë vallë fuqi të
fluturonjë më lart se retë e pluhurit që ngre Shimuni i egërtë
ose do të mbulonet bashkë me karvanë udhëtarësh fatkëqin;
të Saharës? Me këtë mentim qëndronet majë njerës këmbë
përmbi një shelg pranë krójt, dhe herë shëkon ujët e krojt,
që oshëtin, herë të Paanëshmen, që i ndehet përpara, me
mall.

## DALILE

Pse, or Samson, s'rri të rrojmë këtu bashkë lark botës së
filistinëvet që i ke mërzitur, larg israilitëve që do të mërzitin
për dashurinë time?

## SAMSON

Sepse nëpërmjet nesh është hija e Rahilesë, ajo do të më

i shpierë nër qiejtë, dhe ti në dhe të vulpteçim. Sepse përpara syve kam koret e priftrinjvet t'atdheut që më thonë: përpara! përpara! (ngrihet të iknjë).

**DALILE**

(e qëndron) Rri, Samson, mos ikë, në më ke dash.

**SAMSON**

Nuk, nuk, Dalilë! lipset të ikënj se nis të ndjej brënda meje sëmundjen e botës.

**DALILE**

S'të le të ikësh, brënda nër sytë tënt shëkonj lumërinë time dhe kam të drejtë përmi ty. Rri, të lutem, pa ikën pastaj.

**SAMSON**

Nuk, se pastaj do' jetë vonë!

**DALILE**

(*dyke qarë*) Do të vinj pas tekdo që të veç!

**SAMSON**

Tek vete unë, s'mund të vijsh ti.

**DALILE**

Pse të ikësh? Rri këtu në pëlqit tim, të të shtronj leshrat

time për jastek. Eja, Samson! Pra mentohu se sa gjë e bukur
është të duash të ndreqësh botën dhe të flesh mi gjunjët e së
dashurës.

### SAMSON

Dalilë, pëlqiri yt është i ëmbël. *(mfshet kryet mi gjunjët e saj
dhe e ze gjumi. Që larkazi dëgjohet muzikë. Dalilja u bën me sy
filistinëve që janë jashtë të hyjnë, dëgjohen fërshëllime. Pas ca kohe
sqena mbushet me filistinë që i hidhen sipër Samsonit dhe e lidhin).*

### SQENË E III

Të sipërmit dhe filistinët.

### FILISTINËT

Më së fundi e zumë.

### DALILE

Mos e ngisni, se është imi.

### SAMSON

*(zgjuhet)* Ç'është kjo? Më lithtë! *(ngrihet, thyen vargonjtë dhe
u hidhet sipër filistinëvet që ikin të habitur, ca u mpshehnë brënda
në shtëpi të Daliles).*

## SQENË E IV

Dalile, filistinët.

### DALILE

Për çudi! si i theu vargonj aqë të fortë!

### FILISTINËT

*(dalin nga shtëpia)*. Lipset të mësosh që nga e ka atë fuqi. Këtu ke verë sa të duash. Shëko ta dehësh dhe t'ia mësosh gjithë të mpshehtat. Oh! Oh! shëko nga ajo anë! E shtroi udhën me filistinë të vrarë! Ah! Dalilë, mbreti është gati të t'apë gjysmën e mbretërisë së tij, në munç ta zesh Samsonin. Ki kujdes, bëja atdheut këtë të mirë.

### DALILE

E di punën e saj Dalilja, po dalë nga dale, tani me çdo mënyrë do t'i mësonj të gjitha, do ta ve të flerë prapë në pëlqit tim, po t'i kini mënt këtu, pasi të nis unë të këndonj të hyni të gjithë brënda. Tani mpshihuni shpejt.

### FILISTINËT

Mirë, Dalile. Neve po mfshihemi këtu brënda, (i thotë një filisteu). Ti hec t'u thuash të tjerëve të vijnë. *(Njëri hikën, të tjerët fshihen në shtëpi).*

## SQENË E V

Samson, Dalile.

**DALILE**

(*pasi e sheh Samsonë merr një kupë plot verë*) Samson, pi pë
shëndetnë tënt.

**SAMSON**

I pastrova të gjithë, ishin nja treqint, shëko ti një herë t
vijnë të më zgjuajnë tek nisi të më mirrte gjumi! Mirë, po t
s'i pe të më zgjuanje?

**DALILE**

Ardhë me një copë heresh! as nuk i mora vesh. Po ç'të h
malli tani, i vrave të gjithë?

**SAMSON**

Po! me një nofull gomari.

**DALILE**

Të dije, Samsonth, se sa i dashur është për një grua trim
që kthehet mundës nga lufta. Eja të pimë ca pak verë pë
shëndenë tënt (i jep verë). Çudi e madhe kjo fuqia jote. P
pi edhe.

**SAMSON**

Po rri, të lanj gjakërat më parë.

**DALILE**

Jo, unë dua të të shoh kështu me gjakëra. *(i jep të pijë tjatër kupë).* Ah, sa të dua tani. Po ku e ke kaqë fuqi. Shëko, mjekrën dhe leshërat i ke plot gjak. Dale të marr gërshërën të pres një tufë leshëra t'i kem për kujtim pasi të hikësh lark këtejaza.

**SAMSON**

*(gjysmë i dehur).* Mos Dalile, mos e nqas gërshërën nër leshërat e mia, se atje e kam gjithë fuqinë. Po eja të pimë ca pak verë.

**DALILE**

*(me vete).* Ah, atje na e paske, mirë *(pinë verë).* Eja tani që je i lodhur të bijesh te flesh në pëlqit tim. Eja, se do të t'këndoj dhe një këngëzë.

**SAMSON**

*(i dehur).* Shëko, djelli perëndon. Përse, moj Dalilkë, djelli perëndoi sot kaqë shpejt? Gjëja e keqe do të ngjasë sonte. Shëko, Natyra u err rrotull. Nata dhe Mysteri bashkohen që të më shpien në pëlqit tënt. Dalile, Dalile, Dalile *(e zë gjumi, t'errët skëterë më gjithë anët).*

## DALILE

*(këndon, në çdo strofë të këngës së saj, dëgjohen që larkazi shpata
e filistinëve që trokëllijnë dhe që afërohen të errët më të fellë).*

Kush dashjen gjeti
Dhe s'u gëzua?
Kush gruan deshi
Dhe nuk u marrua?
Ish i gëzuar,
Pra u dëbuar!

## SQENË E VI

Të sipërmit dhe filistinët.

*(nga çdo anë hyjnë filistinët, Dalilja vete u flet, i hidhen sipë.
dhe ia presin mjekrën dhe leshërat më gërshërat e Dalilës, ca ia shkuli
me tërbim, pastaj e lidhin me vargonj të hekurt).*

## SAMSON

*(ngrihet, përpiqet t'i thyenjë vargonjtë, po s'munt).* Ah! Dalile
Dalile!

## FILISTINËT

Mjaft na mundove: tashti ardhi sera jonë.

## SAMSON

Po unë për të mirën tuaj përpiqesha.

## FILISTINËT

Ashtu u a kthejmë të mirën mirëbërësvet tanë neve filistinët. Ejani, ju shokë, tashi skuqni një hekur t'i nxierim sytë.

## SAMSON

Dalilkë! ku je? s'dëgjon se ç'duan të më bëjnë? për ty i pësonjë të gjitha këto! Po prapë të dua. Prapë të kam mall me gjithë dobësinë time.

## DALILE

Unë të donje sa ishe trim dhe kishe duar të forta të më shtërngonje më qafë dhe të vrisnje filistinë, tashti ç'të të bënj? Pas pak orë, do jesh i verbër dhe mua munt të më gëzohet vetëm ay që i ka të shëndosha sytë e trupit. *(ikën).*

## SAMSON

Rahil! Rahil!

## SQENE E VII

## HIJA E RAHILËS

Më thirre, Samson?

**SAMSON**

Rahilëza ime, duan të m'i nxierin sytë, duan të më verbojnë.

**RAHIL**

Unë do të t'huanj sytë e mi.

**SAMSON**

Ah mjeri unë! paskëtaj do të t'shëkonj vetëm me sytë e shpirtit tim.

**DALILE**

*(këndon së jashtazi).*
Në Botë secili që hin
Dëbiret, dëbiret shkret
Fuqija e shpirtit i shkrin
Dhe Dashja e mirë humbet
*(Filistinët sjellin një hekur të nkuqur. Rahilës i bie zali. Samsonin e ze të qarët).*

**SAMSON**

*(i vijnë nër mënt fjalë e Rabinit dhe thërret).* Rabin! Rabin! Syt' e mi! Syzit e mi.
*(Zbret avleja)*

Fundi i aktit të dytë.

# AKTI I TRETË

Tempulli i Baallit dhe Molohut. Statuja më gjithë anët.

## SQENE E I

*(Filistinë dhe filistejka lozin valle. Ca pinë, ca këndojnë, ca kuvëndojnë).* Mbreti, kryeprifti, priftrinj.

### MBRET

Ejani, filistinët e mi, gëzohuni dhe dëfreni, armiku një më i math gjëndet nër duart tona i verbër, i pafuqishëm, këtë ditë le ta kemi si të kremte që të na hikë frika e Perëndisë së Israilit. Moloh-u triumfon.

### KRYEPRIFT

Tani që t'ia marrim gjaknë prapë, le ta sjellim këtu në këtë tempull, tek donte të na leçitë Perëndinë e tij që ta njohë dhe ay vetë sa më i math është Molohu ynë nga Savaothi i tyre.

### FILISTINËT

*(të trembur).* Ta sjellin këtu Samsonin! nuk!

**KRYEPRIFT**

Është i verbët dhe i dobët si gjithë ne, pastaj ka tri dit që s'deshi të vinte gjëkafshë në gojë, po rri dhe vajton bashkë me Rahilën.

**FILISTINËT**

Mirë! Po ta sillni të lidhur.

**KRYEPRIFT**

Dhe i zgjidhur s'munt të bënjë gjë.

**MBRET**

Ecëni nja dy a tre ta sillni.

**FILISTINËT**

Jo! Jo! no njëzet të venë bashkë.

**MBRET**

Mirë! *(dalin jashtë ca filistinë)*

**KRYEPRIFT**

Do mundojmë nuk për të parën herë marrëzinë e Israilit të mallëkuar që përpiqet kurdoherë të na impozonjë fenë e tij. Pra kush na shiguron se feja e tyre është më e vërtetë nga jona? Kush na shiguron që s'janë me gabim ata, që besojnë më një Perëndi, që i kanë frikë dhe që i don shërbëtorë të

urdhërimeve të tij, se ne që kemi për Perëndi Pasurinë dhe
gëzimin e rrojtjes? Ardhë të na mbushin shpirtin me frikëra
të kota për Rrojtje të përjetëshme, ardhë të na ndynin çastet
e gëzimit së rrojtjes të pakat me të druhura për mundime
pas vdekjes. Ardhë të na vaditin me vrerë e marrëzisë që ja
u ka lojtur mëntë, ardhë të na përhapin veremnë që ja u ka
kalbur mushkëritë. Ore po ç'na ha malli neve, në e kupëtojnë
të Vërtetën ata më mirë se ne. Jemi shumë të lumtur lark
asaj! Këtu mblidhuni priftinët të Baallit, të Molohut dhe të
Dashurisë, dhe le të mallëkojmë çdo njeri që do të vinjë të
na leçitnjë Perëndi.

**PRIFTINËT**

Qoftë i mallëkuar!

**KRYEPRIFT**

Çdo njeri që do të vinjë të na hajë veshët me ide të rea.

**PRIFTINË**

Qoftë i mallëkuar!

**KRYEPRIFT**

Çdo njeri që do vinjë të na mësojë Mirveti.

**PRIFTINË**

Qoftë i mallëkuar!

**KRYEPRIFT**

Çdo njeri që do vinjë të na hapnjë sytë.

**PRIFTINË**

Qoftë i mallëkuar!

**KRYEPRIFT**

Kemi Perëndira neve, që na e bëjnë rrojtjen t'ëmbëlë e f gëzuar, gjer sa të na e mbulonjë dheu i zi trupin e ngordht prej vdekjesë.

**TË GJITHË**

Bravo! Bravo *(Gjithë të trembur).* Oh! oh! vjen Samsoni. *(hyri Samsoni me Rahilën).*

**SQENË E II**

Të sipërmit, Samsoni, Rahilë.

**NJË FILISTIN**

Më duket sikur mjekra nisi t'i madhonet.

**NJË TJATËR**

Dhe sikur njëri sy i shëkon.

**SAMSON**

Më duket, Rahilë, sikur dëfrenin para që të hynim. Pse pushuan?

**RAHIL**

Sepse e Vërteta i tremp edhe e verbërë.

**DALILE**
*(i vete pranë).* Si shkon shoq im i vjetër?

**SAMSON**

Shumë bukur! dhe ti si shkon shoqja ime e vjetër?

**DALILE**

Dhe unë shumë bukur! *(hikën dyke qeshur)*

**SAMSON**

Sa njiheshim më parë me këtë grua. Tani jemi si të huaj.

**RAHIL**

Më s'të lipset tani.

**SAMSON**

Oh! Perëndija ime, mirë që më verbuan, të mos shëkonj dobare! Po përse, moj Perëndi, të na trashëgosh mënt që ta kupëtojmë të Vërtetën dhe të mundohemi?

**RAHIL**

Ky mundim është për shpirtin më i ëmbëli nga gjitl
gëzimet. Ç'gjë është më e ëmbël, se të vuanjsh dhe të mu
donesh për të mirën e të tjerëve?

**SAMSON**

Nuk, Rahilë! se tani pandeh se më e ëmbëlë gjë është
gëzohesh për të vuarat e të tjerëve. Pra shëko rrotull dhe c
të shëkosh ironinë nër sytë e të gjithëve. Unë më s'shëkor
po dëgjojnj të qeshurit e tyre që më qeth zëmrën, dhe i ja
të drejtë Rabinit me gjithë shpirt: Ah! se sa të drejtë kisl
Lipsej të vinja me ushtëri israilitësh dhe ta diqnja, i
dërrmonja gjithë këtë Botë të kalbur e të gënjeshtërme. Al
me sa gëzim do ta bënja tani, të më vinte dorësh.

**FILISTINËT**

Pse llomotis me vete ky? Nonjë gjë të ligë menjtohet për n

**TË TJERËT**

Që të jemi shiguar të ia thyejmë nofullën e poshtërme, s
sa ka një qime në mjekrët, është i rrezikshim.

**CA**

Dhe t'ia nxierrim fare sytë.

**TË TJERËT**

Jo, jo se munt të vdesë dhe s'na jep dorë kjo punë, se lipset ta mundoj më edhe.

**CA**

Po, për shiguri le të ia rruajmë mirë mjekrën. *(I venë pranë me brisk).*

**SAMSON**

Mosni! U shiguronj se jam më i dobët se një i ngordhur. Ju tremp mjekra ime, pasi e pretë? Këto që duallë tashi ngjasin me filizet që mbijnë nga rrënja e plepit që e kanë prerë. Është një ironi që ep Perëndia si ngushëllim dhe si kujtim të hidhur për madhërinë e shkuar. Ato që më pretë s'kishin parë gërshërë dhe ishin të bukura me fuqinë e Perëndisë dhe me uratën e mëmës.

**KRYEPRIFT**

Lëreni, mos e ngisni, s'mund të bënjë gjëkafshë. S'shëkoni që s'munt të qëndrojë majë këmbëvet?

**SAMSON**

Sillmëni pranë nonjë trati të mfshetem, se m'u prenë gjunjët. *(bie).*

**RAHIL**

(e zë ta ngrerë). Mfshetu mi mua.

## SAMSON

*(mfshetet, po s'munt të ngrihet).* Po munt ti moj Rahilë ta ngresh atë që e përmbysi një Botë të tërë?

*(Ca filistinë e ngrenë dhe e shpien në mes të tempullit, tek janë dy tratë që mbajnë gjithë binanë).* Falem ndersë! *(mfshetet maj tratëvet).*

## KRYEPRIFT

Eja tani, Samson, mësona Perëndinë e Vërtetë?

## SAMSON

Jo! ju mësoméni tuajën, që është më e fortë.

## KRYEPRIFT

S'ke të drejtë. Juaji që rri majë revet është më i trempshim. Po yni ndodhet këtu poshtë mi dhé është miku ynë.

## SAMSON

S'arthçë t'ju mësonj të kini frikë nga Perëndija, po t'ju rrëfenj se ç'fuqi ka njeriu me vete. Dhe atë fuqi munt ta kupëtonjë njeriu, po ta përgjanjë vetëhenë me Perëndinë. Perëndija jonë s'është def, ose kulçedrë, është ay me të cilin merret Jakovi dhe e shpie poshtë, është shkalla me të cilën të ngrenë engjejtë mi fronin e tij. Atje është vëndi i Njeriut, por ju pandehtë se qëllimi i rrojtjes është të hecimë më katër këmbë përmi dhet si bagëtija.

## FILISTINËT

*(dyke qeshur)*. U marrua! dhe ne thoshim t'i thyenim nofullën. Thuana, thuana dhe të tjera! *(pinë dhe këndojnë)*.

## SAMSON

Ah! moj Rahilë, sa shëkonj këtë Botë që dëfren, menjtohem ç'marrëzi kam bërë që s'ndenja në vënt tim bashkë me ty, po të solla këtu dhe të bëra rezil. Ah! sa i marrë është ay që ka një thesor dhe s'e mban të mfshehur në zëmrët të tij, po e përhap mi gjithë Botën, mi këtë hy zhyzhë të math, që s'ka punë tjatër, përveç të përqeshnjë seç' ka të shenjtë cilido dhe dashuron.

## RAHIL

Samson, atë që thua munt ta bënje dje, t'ish që të deshe. Po ta thyenje portën, do t'hikënim bashkë në Judhe, dhe atje do të rronim bashkë si më parë.

## SAMSON

S'e kisha, Rahilë, atë fuqi!

## RAHIL

Oh! dhe pak edhe ta shtynjë derën do të thyej, do t'i vrisnje ata që ruanin dhe do të ishe i lirë. Unë e dinja udhën dhe do ta rrëfenja.

**SAMSON**

Rahilë, s'e kisha atë fuqi ta linja këtë Botë, që m'i mori sytë, që ma mori fuqinë, që m'i prishi gjithë ëndërrat e mia.

**RAHIL**

Si?

**SAMSON**

E dua, e dashuronj moj Rahilë, këtë Botë me gjithë fuqinë që humba, me gjithë mërinë dhe mërzitjen time, me gjithë mundimet, pra me gëzim do t'i këmbenja sytë e shpirtit tim me ata që m'i doqnë, po vetëm ta shikonja dhe për herën e fundit këtë Botë kaq të mirë.

**RAHIL**

T'u trazuan mëntë!

**SAMSON**

Jo! s'm'u trazuan fare mënt. Vetë unë desha pa rashë në pëlqi të Daliles, vetë unë desha pa i lashë filistinët të ma rrokin gjithë fuqinë time, i lashë të m'i nxirrnin sytë, që të isha i dobët dhe i verbët si ta dhe jam aq i kënaqur tani, sa që s'hikënj këtejazi dhe në më lëshofshin.

**RAHIL**

Të humbas, Samson, për gjithënjë!

**SAMSON**

Për gjithënjë, Rahilë, se tani s'të kam hie. S'munda ta ruanja në shpirtit tim dashurinë tënde të kulluar. Çapu, Rahilë, të gjesh një adhurëtor që të të ketë hie. Mua më ka hie Dalilja, që vret, Dalilja gënjeshtarkë. Lilka tradhëtore! Ah! tani më duket sikur e gjeta prapë fuqinë time *(i tunt tratët).* Këta tratë lëvizin! hikë, Rahilë, se pas pak kohe ky kulm do t'rrugulliset sipër kësaj Boteje që dëfren.

**RAHIL**

Eja, Samson, të hikimë bashkë!

**SAMSON**

Jo! unë do t'rri këtu të vdes bashkë me ta. Jam dhe unë si ata gënjeshtar, dhe s'lipset të kem frikë nga mundimi. Do të vritem se më s'munt të të dashuronj, po do t'i vras dhe këta që ma vodhë Dashurinë tënde! Do të vritemi gjithë bashkë! Kam fuqi të madhe tani! Pra thërrisni Dalilen! Dalile! Eja këtu. Ti, Rahilë, hikë shpejt! ti lipset të rrosh, pa kur të pjellësh nonjë djalë të të ketë hie, dhe të mos e ketë fuqinë nër leshërat dhe në mjekra që t'ia presë gërshëra, as nër sytë që t'ia djegë hekuri i skuqur, atëhere kujtomë. Rahilë! Rahilëza ime. *(Rahilja hikën dyke qarë).*

**DALILE**

*(Vjen pranë).* Ç'më do, Samson, që më thirre?

**SAMSON**

Të dua, se këtu në Botë e gjeta prapë fuqinë time dhe
munt të vras dhe tani si më parë, dhe kur vras të dua dhe
më do! Eja të të puth, pa hikë shpejt që këteza. Vrapo jasht(
të vraç sa Samsonër të marrë që të munç, se kjo punë de
t'më kënaqnjë dhe nënë varr. Pra kur djelli i ndrekës ndritoi
dhenë, kujto se Samsoni të puthi një herë dhe humbi gjith(
fuqinë e tij. Dalilë, moj Dalilë.

**DALILE**

Po do t'i vras. *(hikën).*

**SQENË E III**

Të sipërmit pa Dalilën.

**SAMSON**

*(thërret).* Dhe tani, filistin shokë, bëjuni gati të vdesim qafe
për qafe. *(i tunt tratët dridhet gjithë tempulli, filistinët të trembui
duan të hikin nga dera, po e gjejnë të mbyllur).*

Jashtë u mbloth ushtëri prej israilitësh, na e rrethuar
tempullin dhe duan të na apin zjarr.

**SAMSON**

Nuk, do mos na apin zjarr, sa jam unë brënda.

# FILISTINËT

Ti je shpëtimtari ynë, beju rixha të mos na apin zjarr. *(Mbreti dhe të gjithë të mëdhenjtë i përgjugjen përpara).*

## SAMSON

Po. Po *(I tunt tratët).*

## PRIFTINËT

*(ca përgjunjen përpara statujës së Molohut, ca përpara Baallit).* Ti Moloh shpëtona.

## NJË TJATËR

Molohu na lipset sa që rrojmë, tani ç'munt të na bënjë *(Statujë e Molohut u shpie monedha të florinjta).*

## PRIFTINË TË TJERË

*(të përgjunjur përpara statujës së Dashurisë).* Ti, moj Perëndi e Dashurisë, shpëtona. *(statujë e Dashurisë trokit këmbën mi dhet, çahet trualli dhe hidhen vajza).*

## JUDENJTE

*(thërresin që jashtaza)* Samson, Samson.

## SAMSONI

*(u përgjigjet)* Israilitë, jepni zë Rabinit se e patë Samsonin të verbër dhe të dërrmuar përposh gërmadhave të tempullit

të Baallit. *(i përkrahu tratët dhe bien, gjithë tempulli rrungullise1 thirrje, bërtimë dhe ulurimë, që larkazi dëgjohet kënga e Daliles).*

NË BOTË secili që hin
Dëbiret, dëbiret shkret.
Fuqija e shpirtit i shkrin
Dhe dashja e mirë humbet.

(Zbret avleja)

Funt' i dramës.